Pour ceux qui veulent bien comprendre, il est lisible, dans le temps et dans l'histoire, que cette "onction" de Béthanie a été et est toujours présente sur la France.

Nous avons beaucoup de choses à apprendre de Lazare, Marthe et Marie-Madeleine. Nous avons aussi beaucoup à recevoir de leur amitié.

Cette amitié, Jésus veut nous la faire connaître, il souhaite encore aujourd'hui nous l'enseigner et nous la partager.

Comme il le faisait avec Lazare, Jésus souhaite entretenir avec nous une relation d'amitié, se reposer en nos maisons comme Il le faisait à Béthanie, il nous fera aussi sortir de nos tombeaux, comme il le fit pour son ami.

Avec Marthe, nous retrouverons la profondeur de la Foi et le sens du service de nos proches et des autres nations.

Avec Marie-Madeleine nous vivrons le chemin de la repentance pour recevoir l'annonce de la Résurrrection du Christ et la transmettre à nos frères.

La France a vraiment reçu la Bonne Nouvelle par les amis de Jésus. C'est le départ de son histoire sainte.

La France, pays aimé de Dieu, qui a donné à l'Église le plus grand nombre de saints, qui a été le berceau d'ordres monastiques ou religieux de toutes sortes, qui a fait partir aux quatre coins du monde tant de missionnaires, la France est le prolongement de Béthanie...Cette histoire continue et la grâce est toujours là, l'onction est aujourd'hui encore donnée à qui veut l'accueillir.

Les amis de Jésus.

Lazare, " l'ami de Jésus " devint le premier évêque de la communauté chrétienne à Marseille [1] et aussi le premier évêque des Gaules[2], Marthe évangélisa Avignon et Tarascon où se trouve encore aujourd'hui son tombeau dans la collégiale Sainte-Marthe, Marie-Madeleine se retira dans un lieu au nord de Toulon que l'on appelle la Sainte-Baume, son corps fut enseveli à Saint-Maximin en la Basilique Sainte-Marie-Madeleine, près de Toulon, où l'on peut aujourd'hui encore voir les reliques de la sainte.

Lazare fut le premier évêque des Gaules, la tradition rapporte qu'il mourut martyr à Marseille. Dans le plus ancien bréviaire manuscrit de l'Église d'Arles, Lazare est présenté comme *"Glorieux martyr et évêque de Marseille, ami de notre Sauveur."[3]*

Ces faits étaient acquis et reconnus comme vrais et appartenaient à l'Histoire Sainte de la France, ils étaient aussi reconnus par toute la chrétienté d'Orient et d'Occident. De tous les pays chrétiens de l'Europe, on allait en pélerinages aux tombeaux des " saints amis de Jésus," la famille de Béthanie.

(1) Marseille était l'entrée des "voies pénétrantes en Gaule". Le siège épiscopal de Marseille devint la Primauté des Gaules et le resta jusqu'aux environs du troisième siècle, ce qui veut dire que les autres évêchés reconnaissaient Marseille comme le lieu de la "Première" Église des Gaules. Cette primauté passa ensuite à Arles puis à Lyon dont l'évêque porte toujours ce titre de "Primat des Gaules".
(2)Les Gaules comprenaient, la Gaule Narbonnaise, La Gaule Lyonnaise, la Gaule Viennoise.
(3) "Sanctissimi et gloriosissimi martyris et episcopi Massilia Lazari, dilecti Domini nostri Salvatoris." Bibliothèque nationale Colbert.

La Provence évangélisée dès le premier siècle par des chrétiens venus d'Orient.

" *La Provence a été évangélisée dès le premier siècle par des chrétiens venus d'Orient.*

D'après des traditions immémoriales, appuyées sur de sérieuses présomptions dès les premiers siècles, des témoignages fondés dès le VIème siècle, et des documents formels dès le VIIIème, ces chrétiens ont été les membres de la famille de Béthanie, et leur suite, à savoir : Lazare le ressuscité, Marthe, Marie-Madeleine, Maximin, les Saintes Maries.

Le culte des Saints de Béthanie, très répandu en France au VIIème siècle, surtout en Auvergne, ainsi que le culte de sainte Marie-Madeleine à Vézelay en Bourgogne au XIème siècle, attestent que les amis du Sauveur étaient aimés et vénérés et connus comme étant **"les fondateurs de l'Eglise des Gaules".**

Le pélerinage à sainte Marie-Madeleine, à la Sainte-Baume était l'un des hauts-lieux de la chrétienté et ceci durant les dix premiers siècles, avant que les moines ne tranportent une partie de ses reliques à Vézelay en Bourgogne.

La présence permanente de moines Cassianistes, cummunauté de moines fondée par Saint Jean Cassien vers l'an 380, dans les sanctuaires de la Sainte-Baume là où vivait Marie-Madeleine témoignent combien ce lieu de pélerinage était vénéré par les chrétiens.

La découverte des reliques de Sainte Marie-Madeleine en 1279 en Provence dans l'Eglise de Saint-Maximin est entourée de toutes les garanties désirables de vérité et d'authenticité et ne peut être taxée de supercherie. Les documents trouvés dans le sarcophage sont authentiques. L'un est de la première moitié du VIII ème, l'autre du V ème siècle. Ces documents attestent que les corps de ces deux saintes, Marthe et Marie-Madeleine, existaient en Provence avant l'invasion des Sarrazins. De ces faits dûment constatés il résulte qu'il est raisonnable de croire à la venue en Provence, vers le milieu du premier siècle, des personnages évangéliques appartenant au groupe de Béthanie, et qu'il paraît certain, autant qu'une tradition d'ordre humain peut l'être, vu les vissicitudes des temps et des lieux, que ces personnages ont vécu et sont morts aux endroits indiqués par ces traditions.

Telles furent dans le passé les croyances de nos pères: ni la critique, ni la paléographie, ni l'épigraphie n'ont ébranlé sérieusement les assises de ces croyances, tout au contraire elles les ont plutôt confirmées. L'histoire a donc le droit et le devoir de les maintenir." **Joseph Escudier** *Historien Toulon 1929*

extrait de *L'évangélisation primitive de la Provence*

" L'un des premiers faits de Clovis lorsqu'il conquit Les Gaules fut de se diriger vers Tarascon pour honorer Sainte Marthe." [1] Cité en divers manuscrits dès le Vème siècle, et en de nombreux ouvrages jusqu'à nos jours, ce texte rapporte que dès les premiers siècles on vénérait les amis de Jésus en Provence.

(1). Migne.Apostolat de Sainte Marie-Madeleine en Provence. Paris 1848

"...de toutes les parties de l'Europe on voyait arriver par terre et par mer des pèlerins à Saint-Maximin, pour vénérer les reliques de Sainte Madeleine."

" (...) Le fait de la possession du corps de Saint Lazare par la ville de Marseille, avant les ravages des Sarrasins, est attesté par l'un des actes les plus mémorables de l'histoire de la Provence, celui de la consécration de l'église Saint-Victor en 1040, lorsque l'abbaye fut relevée de ses ruines après l'expulsion des barbares. Le Pape Benoit IX est présent à cette cérémonie, et entouré de presque tous les évêques de la province Viennoise au nombre de vingt-trois ... Cet acte, dont le but est de rendre à l'abbaye Saint-Victor, ruinée par les barbares, une partie de son ancien rayonnement... on dit que le corps de Saint Lazare était autrefois à Saint-Victor de Marseille .(...)" (Extrait de: *La tradition de Provence*)

Au moment des ravages de la Provence par les Sarrasins, les restes du corps de Saint Lazare et celui de Sainte Marie-Madeleine furent transportés en Bourgogne, à Autun pour celui de Saint Lazare, où l'on peut aujourd'hui voir les reliques du saint dans la cathédrale Saint-Lazare, et à Vézelay pour Sainte Marie-Madeleine... et ainsi, les évangélisateurs de la France se retrouvèrent au centre du pays de France, comme si la Providence voulait nous signifier par ce fait qu'Elle désire que ses saints amis soient honorés non seulement en Provence mais aussi au centre de notre pays.

"L'évangélisation de la Gaule"

Cet ouvrage écrit au Vème siècle, se trouve à Oxford. Bibliothèque du collège Sainte Madeleine.

Ce texte a été souvent cité dans de nombreux ouvrages sur les saints de Béthanie, fondateurs de L'Église en France. Nous avons conservé la traduction dite de Faillon en *"L'évangélisation primitive de la Provence"*.

"(...) La treizième année depuis l'Ascension, Jacques, frère de Jean, périt par le glaive, Pierre fut jeté en prison, Saul reçut du Saint-Esprit l'apostolat des Gentils, et prit le nom de Paul. L'année suivante, ou la quatorzième, eut lieu la division des apôtres : l'Orient échut en partage à Thomas et à Barthélémi ; le Midi à Simon et à Mathieu ; le Nord à Philippe et à Thaddée ; le centre du monde à Matthias et à Jacques ; les provinces de la mer Méditerranée furent le partage de Jean et d'André; les royaumes d'Occident, celui de Pierre et de Paul. Car dans ce même temps, Paul était venu à Jérusalem pour voir Pierre, et après qu'il eut donné à celui-ci, ainsi qu'à Jacques et à Jean, et qu'il eut reçu réciproquement de leur part des gages de leur union dans l'apostolat, il partit de là avec son collègue Barnabé pour la Syrie et l'Illyrie, afin d'y prêcher l'Évangile. Or, Pierre, qui devait quitter d'Orient pour aller à Rome désigna des prédicateurs de l'Évangile pour les autres pays d'Occident où il ne pouvait se rendre en personne, et les choisit parmi les plus illustres fidèles et les plus anciens disciples du Sauveur : pour le pays des Gaules, où l'on compte dix-sept provinces, dix-sept pontifes ; et pour le pays des Espagnes, où l'on compte sept provinces, sept docteurs.

A la tête de ces vingt-quatre anciens était Maximin, du nombre des soixante-dix disciples du Sauveur, illustre par le don d'opérer toutes sortes de miracles et le chef de la milice chrétienne après les apôtres. Sainte Madeleine, unie par le lien de la charité à la religion et à la sainteté de ce disciple, résolut de ne point se séparer de lui, quel que fût le lieu où le Sauveur l'appelât. Car la reine du Ciel, au service de laquelle Madeleine avait goûté dans la contemplation les délices du paradis la bienheureuse Vierge avait été enlevée aux cieux, et déjà dix apôtres s'étaient dispersés. Quel que fût pour les apôtres l'attachement de ces vingt-quatre anciens, ils n'avaient pu garder ceux-ci auprès d'eux après que la haine des juifs eût suscité la persécution contre l'Église, qu'Hérode eût décapité l'apôtre saint Jacques, jeté Pierre en prison, et chassé de ses États les fidèles. Ce fut alors, pendant que la tempête de la persécution exerçait ses ravages, que les fidèles déjà dispersés se rendirent dans les divers lieux du monde que le Seigneur leur avait assignés à chacun, afin de prêcher avec intrépidité la parole du salut des Gentils qui ignoraient Jésus-Christ. A leur départ, les femmes et les veuves illustres, qui les avaient servis à Jérusalem et dans l'Orient, voulurent les accompagner.

Dans la compagnie de Madeleine, la glorieuse amie de Dieu, et de Sainte Marthe, sa sœur, le saint évêque Maximin s'abandonna donc aux flots de la mer, avec Saint Parménas chef des diacres, les évêques Trophime, Eutrope, et les autres chefs de la milice chrétienne. Poussés par le vent d'Est, ils quittèrent l'Asie, descendirent par la mer Tyrrhénienne, entre l'Europe et l'Afrique en faisant divers détours. Ils laissèrent à droite la ville de Rome et toute l'Italie, ainsi que les Alpes, qui, partant du golfe de Gênes et de la mer des Gaules, s'étendent vers l'Orient, et se terminent à la mer Adriatique. Enfin ils abordèrent dans la Viennoise, province des Gaules, auprès de la ville de Marseille, dans l'endroit où le Rhône se jette dans la mer des Gaules.

Là, après avoir invoqué Dieu, le souverain monarque du monde, ils partagèrent entre eux, par l'inspiration du saint Esprit, les provinces du pays où ce même Esprit les avaient poussés ; puis ils s'avancèrent et prêchèrent partout avec l'aide du Seigneur, qui confirmait leur prédication par des miracles. Car le Roi des armées célestes et de son peuple bien-aimé et chéri communiqua à ses prédicateurs le don d'annoncer sa parole avec une grande force...

Le Saint évêque Maximin eut pour son partage la ville d'Aix, métropole de la seconde province Narbonnaise, dans laquelle Sainte Marie-Madeleine finit sa vie mortelle...

Saint Maximin étant à Aix, métropole qui lui était échue, il commença à répandre dans les cœurs des Gentils les semences de la doctrine céleste, vaquant nuit et jour à la prédication, à la prière et au jeûne, pour amener à la connaissance et au service de Dieu, le peuple incrédule de cette contrée. Et lorsque la prédication de l'Évangile eut produit une abondante moisson, le bienheureux prélat, à la tête de son Église d'Aix, brilla par les miracles divers et nombreux qu'il opéra. Avec lui, l'illustre et spéciale amie du Sauveur vaquait à la contemplation dans la même Église car depuis que cette ardente amie du Rédempteur eut choisi avec tant de sagesse la meilleure part, et qu'elle en eut obtenu la possession aux pieds de Jésus-Christ, jamais cette part ne lui fut ôtée, au témoignage de Dieu-même...

Mais, pleine de sollicitude pour le salut des âmes qui l'avait fait venir aux extrémités occidentales de l'univers, elle s'arrachait de temps en temps aux douceurs de la contemplation pour éclairer les incrédules par ses paroles ou confirmer les fidèles dans la foi, et versait peu à peu dans les esprits des auditeurs le miel des paroles qui découlait de son cœur. Car c'était de l'abondance du cœur que sa bouche parlait, et c'est ce qui faisait de toute sa prédication un exercice réel de contemplation divine. Elle montrait à tous en sa personne le modèle qu'ils devaient suivre, aux pécheurs, elle se proposait comme modèle de conversion, aux pénitents, comme une preuve de la certitude du pardon, aux fidèles, comme un modèle de charité pour le prochain ; et à tout le peuple chrétien, comme une preuve de la miséricorde divine. Elle faisait voir ses yeux qui avaient arrosé de leurs larmes les pieds de Jésus-Christ et qui l'avaient vu les premiers dans sa résurrection. Elle leur montrait ses cheveux, avec lesquels elle sécha d'abord les pieds du Sauveur, arrosés de ses larmes, et les essuya ensuite dans le festin après les avoir oints d'un nard précieux ; cette bouche et ces lèvres avec lesquelles elle les baisa mille et mille fois, non seulement pendant la vie de Jésus, mais encore après sa mort et après sa réssurection ; ces mains qui avaient touché les pieds de Dieu Tout-puissant, qui les avaient lavés et oints plusieurs fois, surtout dans cette dernière circonstance, où elle répandit sur ces même pieds un si précieux nectar, dont elle versa le reste sur la tête du Fils de Dieu. Mais pourquoi voudrais-je ici raconter toutes ces choses ? Quel est celui des évangélistes qui ne parle des privilèges de Marie ? Quel est celui d'entre les Apôtres qui a été uni au Seigneur dans une plus grande familiarité ? Quel est celui parmi eux qui a puisé avec plus d'avidité les eaux de sa doctrine ! Il fallait donc que comme elle a été envoyée aux Apôtres par Jésus-Christ en qualité d'Apôtre de sa résurrection et de prophétesse de son ascension, elle devint aussi comme un évangéliste pour tous les fidèles de l'univers. C'était ce que Jésus avait présent à la pensée, lorsque voyant et approuvant la dévotion qui la porta à lui oindre la tête, il dit d'elle : *Elle a fait à mon égard une bonne œuvre : je vous le dis en vérité, partout où cet évangile sera prêché dans tout l'univers, on racontera à sa louange ce qu'elle vient de faire.*

Sainte Marthe, de son côté, avec ses compagnons, prêchait aussi l'Évangile du Sauveur dans les villes d'Avignon et d'Arles, et parmi les bourgs et les villages qui étaient aux environs du Rhône dans la province de Vienne. Elle rendait hautement témoignage de tout ce qu'elle avait vu touchant la personne de Jésus, le Sauveur, de ce qu'elle avait appris de sa bouche et ce qu'elle rapportait de ses miracles, elle le démontrait véritable par les prodiges qu'elle-même opérait. Car elle avait reçu le don des miracles, et lorsque l'occasion le demandait par le seul moyen de la prière et du signe de la croix, elle guérissait les lépreux, les paralytiques, ressuscitait les morts... Tels étaient les privilèges de Marthe.

Marie opérait pareillement des miracles avec une inexprimable facilité, pour établir la vérité de ses paroles, et exciter la foi dans ses auditeurs. On admirait dans l'une et dans l'autre une beauté noble et qui inspirait le respect, une grande décence dans toute leur conduite, et dans leurs paroles une grâce merveilleuse pour persuader les esprits. Jamais, rarement du moins, voyait-on une personne se retirer incrédule de leur prédication, ou sans répandre des larmes ; chacun était, par leur seul aspect, enflammé d'amour pour le Sauveur, ou bien versait des pleurs par la considération de sa propre misère...

Entre Arles et Avignon, villes de la province viennoise, près des bords du Rhône, entre des bosquets infructueux et les graviers du fleuve, était un désert rempli de bêtes féroces et de reptiles venimeux. Entre autres animaux venimeux, rôdait çà et là dans ce lieu, un terrible dragon (1), d'une longueur incroyable et d'une extraordinaire grosseur. Son souffle répandait une fumée pestilentielle, sa gueule armée de dents aigües faisaient entendre des sifflements perçants et des rugissements horribles. Il déchirait avec ses dents et ses griffes tout ce qu'il rencontrait, et la

(1) Le nom de Tarascon semble être tiré du nom donné à cet animal "tarasque", par les habitants du lieu.

seule infection de son haleine suffisait pour ôter la vie à tout ce qui l'approchait de trop près....Comme ce monstre était le sujet ordinaire des conversations, un jour que la sainte annonçait la parole de Dieu à une grande foule de peuples qu'elle avait réunie, quelques-uns parlèrent du dragon ; et les uns, avec la sincérité de véritables suppliants, les autres pour tenter la puissance de Marthe, se mirent à dire : *«Si le Messie que cette sainte fille nous prêche a quelque pouvoir, que ne le montre-t-elle ici ? car si ce dragon venait à périr, on ne pourrait dire que c'eût été par aucun moyen humain.»* Marthe leur répondit : *«Si vous êtes disposés à croire, tout est possible à l'âme qui croit.»* Alors, tous ayant promis de croire, elle s'avance à la vue de tout le peuple qui applaudit le courage, se rend avec assurance dans le repaire du dragon, et par le signe de la croix qu'elle fait, elle apaise la férocité. Ensuite ayant lié le col du dragon avec la ceinture qu'elle portait, et se tournant vers le peuple qui la considérait de loin : *«Que craignez-vous,* leur dit-elle ? *voilà que je tiens ce reptile, et vous hésitez encore ! Approchez hardiment au nom du Sauveur, et mettez en pièces ce monstre venimeux !»* Ayant dit ces paroles, elle défend au dragon de nuire à qui que ce soit par son souffle ou sa morsure ; puis elle reproche son peu de foi au peuple en l'animant à frapper hardiment. Mais tandis que le dragon s'arrête et obéit aussitôt, la foule ose à peine se rassurer. Cependant on attaque le monstre avec des armes, on le met en pièces, et chacun admire de plus en plus la foi et le courage de la Sainte

Marthe, qui, tandis qu'on perce l'énorme dragon, le tient immobile avec un lien si fragile, sans aucune difficulté, et sans éprouver aucun sentiment d'effroi.

Cet endroit désert était appelé auparavant Nerluc (ou bois noir) ; mais dès ce moment on le nomma Tarascon, du dragon qu'on appelait Tarasque; et les peuples de la province Viennoise, témoins de ce miracle, ou en ayant appris la nouvelle, crurent dès lors au Sauveur et reçurent le baptême, glorifiant Dieu dans les miracles de sa servante qui fut chérie et honorée autant qu'elle en était digne, par les habitants de la province.

Le désert de Tarascon ayant été ainsi délivré par la puissance de Dieu de tous les reptiles qui l'infestaient, sainte Marthe s'y choisit une demeure, changeant en un séjour agréable et délicieux ce lieu auparavant redoutable et détesté. Elle s'y fit donc construire une maison ou plutôt un oratoire, qu'elle étudia plus à décorer par ses vertus et ses œuvres prodigieuses que par d'inutiles ornements. Elle y demeura retirée l'espace de sept ans. Durant tout cet intervalle, les racines des herbes et les fruits des arbres étaient toute sa nourriture ; encore ne se permettait-elle d'user de ces aliments qu'une seule fois chaque jour. Ainsi en agissait-elle envers elle-même ; mais pour le prochain, sa conduite était tout autre. Car, pensant que ce jeûne continuel, s'il n'avait été accompagné de la charité, ne serait qu'un supplice inutile pour elle et un tourment pour les personnes qui partageaient sa retraite, elle n'oublia par l'hospitalité qu'elle avait tant exercée autrefois. Jamais sans quelque pauvre, elle aimait à leur distribuer ce qu'on lui donnait à elle-même ; toujours les indigents avaient part à sa table, se réservant pour elle-même les herbes les plus grossières, elle leur distribuait avec une tendre sollicitude et avec sa charité accoutumée les aliments que leurs besoins réclamaient, et elle faisait tout cela avec une satisfaction et des soins qu'elle eût été loin d'avoir si c'eût été pour elle-même. Elle pensait dans cette action que celui qu'elle avait reçu si souvent autrefois tandis qu'il était sur la terre, et qu'il voulait bien éprouver la faim et soif, n'a plus besoin comme alors d'assistances temporelles, mais que c'est dans les pauvres qu'il veut être soulagé maintenant.

Elle se souvenait, cette servante de Jésus-Christ, de ce qu'il dira aux siens : *«Ce que vous avez fait au moindre des miens, vous l'avez fait à moi-même.»* Et c'est pourquoi, comme elle avait servi d'abord le chef de l'Église, elle s'appliquait alors à assister ses membres, ayant pour tous le même amour et la même prévenance. Or, comme Dieu aime celui qui donne de bon cœur, sa bonté ne lui manque point et il pourvut à tout en lui ouvrant comme une source intarissable, dont l'abondance toujours nouvelle remplaçait continuellement, sans qu'elle s'en mit en peine, les provisions que sa bienfaisance épuisait chaque jour. Car voyant que par un effet de sa générosité naturelle, elle trouvait tant de plaisir dans les charités qu'elle faisait, la piété des fidèles ne manquait pas de fournir au-delà de ce qu'il lui fallait pour qu'elle pût exercer sa libéralité.

Du reste, les riches eux-mêmes, qui accouraient à elle en grand nombre, ne s'en allaient pas non plus les mains vides ; ils en rapportaient toujours quelque bienfait soit pour le corps, soit pour l'âme (...)

Elle allait aussi dans les villes et les bourgades voisines annoncer la Bonne Nouvelle, ce qu'elle annonçait, elle l'établissait par des miracles, chassant les démons par sa seule imposition des mains, et faisant par la puissance de l'Esprit-Saint toutes sortes de miracles...

Un jour assise dans un endroit agréable, auprès d'Avignon, ville de la province Viennoise, devant les portes mêmes de la ville, entre les eaux du Rhône et les remparts de cette cité, sainte Marthe annonçait la parole de vie à un grand nombre de citoyens et guérissait les malades. Un jeune homme qui se trouvait sur l'autre bord du Rhône voyant cette foule de peuple, eut le désir d'aller entendre lui-même la parole de Dieu. Il n'y avait là ni pont ni bateau pour passer le fleuve. Cependant, emporté par le désir d'entendre la prédication et de voir quelque miracle, d'ailleurs se fiant à son habileté à nager, il se dépouille de ses vêtements et se jette dans le Rhône pour le traverser. Tous les citoyens placés sur l'autre rive avaient les yeux fixés sur lui, lorsque, arrêté tout à coup par l'agitation violente des flots, il enfonce et se noie. Un cri s'élève de la part du peuple ; chacun loue la piété de ce jeune homme et déplore son malheur. En un mot, tout ce peuple s'empresse à demander d'un commun accord qu'on envoie des pêcheurs, qu'on jette à l'eau des filets et qu'on cherche avec toutes sortes de soins le corps du jeune homme, pour voir si par la miséricorde du Sauveur, on ne parviendrait pas à le trouver. On le cherche avec beaucoup de peine, on le trouve le lendemain à la neuvième heure du jour, et on l'apporte devant sainte Marthe. Toute la ville s'assemble pour être témoin du spectacle. Alors les plus illustres de l'un et de l'autre sexe prient et supplient à genoux la servante de Jésus-Christ qu'il leur soit donné de voir, dans la résurrection de ce jeune homme, la vérité des merveilles qu'elle leur annonce touchant le Sauveur... *«Au nom de Notre Seigneur et Sauveur Jésus-Christ, Fils de Dieu, dit-elle, levez-vous et racontez-nous les grandes choses que la bonté du Rédempteur a faites en votre faveur.»* A ces mots l'âme du jeune homme se réunissant de nouveau à son corps, il revient à la vie, et s'étant assis, il confesse qu'il croit en Jésus-Christ, et après qu'il a reçu le baptême et que tout le peuple a donné beaucoup de témoignages de sa joie, il retourne sain et sauf dans sa maison. Et tous les assistants, voyant ce prodige, s'écrient unanimement que Jésus-Christ est vraiment Dieu, et qu'il n'y a pas d'autre Dieu que lui. Dès ce moment, toutes les bouches célébrèrent la renommée de Marthe, la très sainte servante de Jésus-Christ ; dès ce moment, elle fut honorée et aimée de tout le monde.(...)

extrait de " *La vie de sainte Marie Madeleine*" Bibliothèque . Oxford

Les saints patrons
des diocèses de la Provence, aujourd'hui.

Diocèse de Marseille, Patron:saint Lazare Ressuscité

Diocèse de Fréjus-Toulon, Patronne: sainte Marie-Madeleine.

Diocèse d'Aix, Patron: saint Maximin, compagnon des saints de Béthanie.

Le texte suivant est tiré des écrits de Anne-Catherine Emmerich (1774-1824). Moniale, mystique, elle vécut en Allemagne. L'ensemble de ses écrits, qui sont communément appelés "visions" ont été reconnus par l'Église comme vrais, et ont reçus l'imprimatur en 1864.

Le passage ici cité est tiré de " *La douloureuse Passion et l'établissement de l'Eglise par les Apôtres* ".

(...) Trois ou quatre ans après l'Ascension, les apôtres se trouvèrent réunis ensemble à Jérusalem. Dès les premiers temps, ils avaient réglé tout ce qui a rapport au corps de l'Église. Alors éclata à Jérusalem une persécution contre Lazare et ses sœurs. Marthe et lui furent jetés en prison par les juifs.

Madeleine, ayant voulut les visiter pendant la nuit fut également arrêtée. Avec Lazare et ses deux sœurs furent aussi emmenés un jeune homme nommé Maximin, Marcelle, servante de Madeleine, et la servante de Marthe. Ils étaient sept : trois hommes et quatres femmes. Après les avoir accablés de mauvais traitements, les Juifs les firent monter dans une méchante barque faisant eau de toutes parts, et n'ayant ni voiles ni gouvernail. Elle fut amarrée à un grand vaisseau, qui l'abandonna après l'avoir remorquée en pleine mer. Tandis que Lazare et ses compagnons priaient et chantaient des cantiques, je vis la barque aborder sur le rivage de la Gaule, dans un lieu où les vagues venaient baigner doucement la plage. Ils descendirent à terre, et abandonnèrent leur esquif à la merci des flots. Leur voyage s'était fait avec une vitesse miraculeuse.

Je les vis arriver dans la grande ville de Massilia (1). On les laissa passer, et l'on se contenta de les regarder, sans leur faire aucun mal. On célébrait alors la fête d'une idole, et je vis les sept étrangers s'asseoir sur la place publique, sous le péristyle d'un temple. Ils demeurèrent là longtemps ; enfin Marthe la première adressa la parole au peuple qui s'était rassemblé autour d'eux. Elle raconta les circonstances de leur voyage, et parla de Jésus avec beaucoup de vivacité et d'émotion. Bientôt la foule voulut les forcer à se retirer, et leur jeta des pierres, mais qui ne les atteignirent pas, et ils restèrent là tranquillement assis à la même place jusqu'au lendemain matin. Les autres aussi s'étaient mis à haranguer la multitude, et plusieurs leur témoignaient de la sympathie.

Le lendemain, je vis sortir d'un grand édifice qui me fit l'effet d'une maison de ville, des gens qui vinrent leur adresser diverses questions. Le troisième jour, on les conduisit à cette maison devant le magistrat. Je vis alors qu'on les sépara : les hommes restèrent près du magistrat et les femmes se rendirent dans une maison de la ville. On leur fit un bon accueil et on leur donna à manger. Je vis qu'ils prêchèrent l'Évangile là où ils allèrent et que le magistrat fit défendre par toute la ville de les molester en quoi que ce fût. Je vis aussi que bientôt beaucoup de personnes se firent baptiser par Lazare, en sa qualité d'évêque, il continua à prêcher l'Evangile dans cette ville ; mais les autres

---

(1) C'est le nom latin de Marseille. Tout ce récit reste confirmé par l'histoire et la tradition sur les saint lieux de Provence.

la quittèrent bientôt.

Madeleine se retira seule, loin de la ville, dans un désert ; elle demeurait dans une caverne presque inacessible, où elle se livrait à une rude pénitence. Je l'ai vue, plusieurs fois, aller à moitié chemin de sa retraite, à la rencontre de Maximin qui lui apportait la sainte communion.

Sa grotte était située dans une montagne sauvage dont les sommets faisaient de loin l'effet de deux tours penchées. La grotte était soutenue par des pilliers naturels, et l'on voyait dans les parois des trous où l'on pouvait placer divers objets. Il s'y trouvait un autel de gazon surmonté d'une grande croix, formée naturellement par des branches qui avaient poussé là ; une couronne était suspendue au milieu de la grotte, mais de côté, dans une paroi du rocher, où elle l'avait taillée elle-même. Il était difficile de la trouver.

Elle mourut peu de temps avant Marthe, et je la vis étendue sur sa couche, couverte d'un vêtement de feuilles ; elle tenait une croix entre ses bras croisés sur la poitrine (...) Je vis arriver deux ermites portant les bâtons entre lesquels une grande couverture était assujétie avec des cordes. Ils enveloppèrent décemment le saint corps et le portèrent assez loin de là au couvent de Marthe.

J'ai vu une église bâtie par saint Maximin au-dessus de la grotte. On y conservait des reliques de Madeleine : sa tête, à laquelle il manquait une machoire, mais où il restait encore un peu de chair d'un côté, un de ses bras, des cheveux, et une fiole avec de la terre.

Marthe s'était rendue avec Marcelle et l'autre servante dans une contrée sauvage, au milieu de rochers, où plusieurs femmes s'étaient construit de petites cabanes. C'étaient des captives que les habitants du pays avaient enlevées dans une guerre et qu'ils avaient établies là, en les soumettant à une surveillance particulière. Marthe et ses compagnes s'établirent dans leur voisinage et se construisirent d'abord de petites cabanes près des leurs. Plus tard, elles bâtirent un couvent et une église, composée seulement de quatre murs avec une toiture en branches tressées recouvertes de gazon. Elles convertirent d'abord les captives, dont plusieurs s'adjoignirent à elles. D'autres, au contraire, leur donnèrent beaucoup à souffrir, et par des dénonciations perfides attirèrent sur elles des persécutions de toute espèce de la part des habitants du pays.

Il y avait dans le voisinage une ville appelée Aquæ (1). Il devait y avoir là des sources d'eau chaude, car il s'en élevait continuellement des masses de vapeur. Je vis Marthe au bord d'un fleuve très large, faire périr un monstre qui se tenait dans le fleuve, et faisait beaucoup de ravages. Elle lui jeta sa ceinture autour du cou en invoquant le nom du Seigneur, et l'étrangla. Le peuple l'acheva à coups de pierres et d'épieux. Je la vis souvent prêcher l'Évangile devant un nombreux auditoire, soit dans la plaine, soit au bord du fleuve. Elle avait coutume, à l'aide de ses compagnes, de former avec des pierres une élévation sur laquelle elle montait. Elle s'acquittait de ce travail mieux qu'un maçon de profession, grâce à son activité et à son adresse extra-

(1) Aquæ Sextiæ, aujourd'hui Aix, ancienne ville de bains eaux thermales.

ordinaires.

Un jour qu'elle prêchait au bord du fleuve, un jeune homme voulut le traverser à la nage, et s'y noya. Les habitans du pays l'accablèrent d'injures à ce sujet. Le père du jeune noyé retrouva son corps le lendemain, l'apporta devant Marthe, en présence d'une foule nombreuse, et lui dit qu'il croirait à son Dieu si elle ressuscitait son fils. Marthe, au nom de Jésus, lui ordonna de revenir à la vie ; il ressuscita en effet, et se fit chrétien avec son père et beaucoup d'autres. Toutefois il y eut des gens qui traitèrent Marthe de magicienne et la persécutèrent. Maximin s'était établi dans le voisinage, en qualité de prêtre ; il visitait Marthe et lui apportait la sainte communion. Par ses bonnes œuvres et par ses enseignements Marthe travailla beaucoup à propager l'Évangile, et convertit un très grand nombre de personnes au christianisme.

Extrait de " *La douloureuse Passion et l'établissement de l'Eglise par les Apôtres*". pages 481 et suivantes. Éditions Téqui.

Anne Catherine Emmerick naquit le 8 septembre 1774 et mourut le 9 février 1824. Dès sa jeunesse elle fut une visionnaire de la vie du Christ, mais aussi de la création du monde, de la vie des Patriarches, de toute l'histoire d'Israël et de la création de l'Eglise.

Moniale dans une communauté des Augustines à Dulmen, elle reçut en décembre 1812, les empreintes des blessures du Christ, (les stigmates). C'est l'écrivain et poète Cléméns Brentano, ami de Goëthe, qui recueillit et porta par écrit ses "visions".

Les rois et le peuple de France
pèlerins des Saints amis de Jésus.

Dès la mort de Lazare, de Marthe et de Marie-Madeleine, les lieux où ils vécurent devinrent des lieux de pèlerinages pour les chrétiens.

«...de toutes les parties de l'Europe on voyait arriver par terre et par mer des pèlerins à Saint-Maximin, pour vénérer les reliques de sainte Madeleine...»

" ... une multitude de peuple affluait à l'église de Saint-Maximim où reposait le corps de sainte Madeleine..." (citée en l'an 1435 dans une adresse de René d'Anjou au Pape Eugène IV)

Lorsque nous parcourons les archives ou les documents sur les lieux saints de Provence, nous constatons, que presque tous les rois de France vinrent sur les tombeaux des saints de Provence, certains à plusieurs reprises, que tous portèrent une attention aux sanctuaires, leur attribuèrent des droits particuliers, veillèrent à ce que les communautés monastiques entretiennent les lieux et y vivent une vie digne des saints qui y étaient honorés.

Clovis, roi des Francs, qui se fit chrétien en l'an 496 entendit parler des miracles qui se faisaient sur le tombeau de sainte Marthe, il vint à Tarascon en l'an 500. *" Frappé de la multitude et de la grandeur des miracles, dus à Sainte Marthe, à Tarascon, Clovis vint lui-même à Tarascon ... Clovis, roi des Francs, qui le premier des princes de cette* nation se convertit à la foi chrétienne, vint à Tarascon auprès du tombeau de sainte Marthe, à peine eut-il touché la tombe de la sainte, il fut délivré d'un mal de reins très grave. En témoignage de cette guérison il donna à Dieu *(1)*, par un acte signé de son sceau, la terre située dans un rayon de trois lieues autour de l'église sainte Marthe." (cité en L'apostolat en Provence. 1848)

La guérison de Clovis est mentionnée dans les anciennes liturgies de Lyon, Arles, Avignon, Auch, Cologne, Orléans.

Louis VII, roi de France se rend à Vézelay sur le tombeau de sainte Marie-Madeleine

Louis IX, saint Louis, fit plusieurs pélerinages aux tombeaux des saints.

Joinville, sénéchal de Champagne, écrit dans ***"Le livre des saintes paroles et des bonnes actions de notre saint roi Louis"***. *"Le roi s'en vint par contrée de Provence, jusques à cette cité qu'on appelait Ayx en Provence, là où l'on disait que le corps de Magdeleine gisait, et nous allâmes de roche moult haute, et fusmes au lieu de la Basme, en une roche là où l'on disait que la sainte Magdeleine avoit vesqu en hermitage longue espace de temps."* Il fit un pélerinage à Tarascon sur le tombeau de sainte Marthe. *"... pour mettre leur personne et leurs états sous la protection de cette puis-*

(1) Donner à Dieu voulait dire que le sanctuaire (le lieu saint) ici nommé ne pouvait pas appartenir à une autre autorité que l'Église, qu'aucun pouvoir civil ne pouvait y faire autorité ni prélever des impôts.

Durant plusieurs siècles la ville de Tarascon fut de ce fait une ville "indépendante" au sens que cette ville était affranchie du domaine des rois et des comtes de Provence, elle se gouvernait elle-même par ses propres lois.

Tarascon.
Collégiale Sainte-Marthe
Copie du reliquaire
offert par Louis XI.

sante patronne." Il vint à Vézelay, à plusieurs reprises, avec ses trois fils.

Jean II roi de France fit le voyage vers les saints de Provence "par dévotion". *" En 1362 le roi de France Jean II, vint saluer le Pape Urbain V à Avignon et se rendit en pélerinage sur les tombes des saints de Provence..."* (Apostolat en Provence 1848)

Charles VI Roi de France fit le pélerinage.

Charles VII roi de France fit le pélerinage de la Sainte-Baume.

Louis XI Roi de France, alors Dauphin, âgé de 24 ans, fit le pélerinage à la Sainte-Baume en 1447. *"... à l'église de Saint-Maximin, où gist et repose le précieux chief de la dicte dame, en l'honneur et révérence d'icelle dame et en reconnaissance de plusieurs grans graces que Dieu, notre créateur, nous a, par son intercession et prières, faites et octroyées, comme croyons..."*

En 1481 la Provence fut rattachée à la France. Louis s'empressa de rendre à l'église Sainte-Marthe les privilèges autrefois accordés par Clovis: *" ...Feu de bonne mémoire le roi Clovis notre prédécesseur a été principal fondateur de l'église de la glorieuse dame madame Marthe, où repose son benoît corps... nous voulons en suivre nos dits prédécesseurs, et continuer ce qu'ils avaient, par dévotion et aumône, commencé..."*

Louis XI fut de tous les souverains, celui qui se distingua le plus par la magnificence de ses dons envers sainte Marthe. Louis XI offrit *"... pour donner une marque de sa piété envers sainte Marthe, en 1470, le plus beau reliquaire de France ..."*(Cité en " Preuve de la vérité de la tradition de Provence.")

A partir de Louis XI les rois de France prirent aussi le nom de comte de Provence.

Charles VIII, roi de France et comte de Provence, favorisa les pélerinages vers le sanctuaire de la Provence. Il fit des dons importants pour les sanctuaires.

Louis XII vint à la Sainte-Baume en 1494. Anne de Bretagne, reine de France, son épouse vint à la Sainte-Baume en 1503 et offrit un reliquaire de grande valeur.

Le roi François Ier, fit relever et réparer les bâtiments du sanctuaire de la Sainte-Baume. Il fit le pélerinage en 1515, puis en 1533. Il vint à Tarascon, sur le tombeau de sainte Marthe le 3 février 1516 et selon la coutume du temps, on représenta des traits de l'histoire sainte dans les rues de la ville. (Archives de la ville de Tarascon). La reine Claude y vint à son tour et fut reçue avec les mêmes cérémonies qu'on avait observées pour la réception du Roi. (Histoire de Provence. Honoré Bouche. 1644)

Charles IX vint en 1564 accompagné du duc d'Anjou qui deviendra roi de France et comte de Provence sous le nom de Henri III. Le roi resta à Tarascon trois jours *"... en la grande église, est ensépulturé le corps de sainte Marthe..."*

Henri IV quoique ne s'étant pas rendu à la Sainte-Baume ni à Saint-Maximin confirma les privilèges accordés aux saints lieux et surtout favorisa la continuation de la réforme du couvent de Saint-Maximin.

Louis XIII vint au sanctuaire en 1622, lui-même et son épouse Anne d'Autriche étaient très dévots à la sainte, il prit des moyens efficaces pour protéger le sanctuaire.

En 1660 Louis XIV, accompagna sa mère Anne d'Autriche en pèlerinage à Saint-Maximim et à Tarascon *"... le Rhône étant gelé, la cour avec tous les équipages passèrent sur la glace."* Il fit le pèlerinage jusqu'à la Sainte-Baume. *" Etant informé par la tradition... que les os de Sainte Marie-Madeleine, cette incomparable pénitente qui reçut autrefois de la bouche de la Vérité même l'éloge de sa parfaite contrition et l'assurance de la rémission de ses péchés, étaient en ce lieu..."*

" Ils arrivèrent à Saint-Maximin le 4 février vers les six heures du soir... le roi fut reçu processionnellement aux portes de l'église...Le lendemain le roi assista à la sainte messe...Leurs majestés, dans cette mémorable rencontre, donnèrent des témoignages de piété envers sainte Madeleine, comparables aux exemples qu'avaient laissés à la postérité les plus religieux des princes et des rois, leurs prédécesseurs.(...) " (extrait de l'histoire de Provence. Honoré Bouche. 1644)

Louis XV, Louis XVI, Louis XVIII favorisèrent les lieux de pèlerinages de Provence

Au-delà de la présence des rois et des reines de France, pèlerins des saints fondateurs de l'Église des Gaules, c'est la présence du peuple de France, en grande foule.

"...de toutes les parties de l'Europe on voyait arriver par terre et par mer des pèlerins à Saint-Maximin, pour vénérer les reliques de Sainte Marie-Madeleine."

La révolution Française vit le saccage des lieux saints. Barras fit piller le sanctuaire de la Sainte-Baume en 1793; durant vingt années la Sainte-Baume ne fut qu'un monceau de ruines. Saint-Maximin fut relativement préservé. A Tarascon les révolutionnaires se saisirent du reliquaire offert par Louis XI, mais le tombeau de sainte Marthe fut *"comme protégé"*.[1] Lorsque les révolutionnaires s'approchaient du tombeau, *"ils étaient repoussés par une force mystérieuse."*[2] Cet événement fut regardé comme un fait *"providentiel et miraculeux"*.[3] A partir de 1814-1822 les Provençaux retrouvèrent le chemin du pèlerinage si aimé.

Après la révolution les Dominicains reprirent possessions du sanctuaire de la Sainte-Baume. et de Saint-Maximin *"...la révolution n'avait pas réussi à détruire chez les Provençaux leurs sentiments de piété et de vénération pour ce saint lieu, on évalua à vingt-cinq, trente mille pèlerins le 5 mai 1814..."* (L'apostolat de Sainte Marie-Madeleine en Provence. Migne Paris 1848 : page 1131)

Les Saintes Maries de la mer. Marie Jacobé et Salomé.

"...Les traditions rapportent que les saintes femmes, Marie mère de l'Apôtre Saint Jacques, et Salomé, dont il est parlé dans l'Évangile, s'embarquèrent avec saint Lazare, sainte

1- 2- 3- Archives de la mairie de Tarascon et Migne Paris 1848

Tarascon
La collégiale
Sainte-Marthe

Marthe et sainte Marie Madeleine et les autres, et que cette troupe aborda en Provence, à l'embouchure du Rhône, sur les côtes appelés aujourd'hui la Camargue... On croit que l'endroit où abordèrent les saints apôtres de la Provence est dans le voisinage de la ville qui porte aujourd'hui le nom des Saintes-Maries...les autres saints personnages de cette troupe allèrent à Marseille, à Aix et ailleurs..." [1]

Aujourd'hui le sanctuaire des Saintes-Maries de la Mer est honoré par les Provençaux et les gens du voyage.

Les lieux des Saints de Béthanie en France :

Marseille : Basilique Saint Victor de Marseille, lieu présumé de l'emprisonnement et du martyre de saint Lazare.

La Sainte-Baume : L'ermitage où vécut sainte Marie-Madeleine Hôtellerie de la Sainte-Baume 83640 Le Plan d'Aups :
Tél : 04 42 04 54 84

St Maximin : Basilique Sainte Marie-Madeleine : Lieu de vénération du corps de sainte Marie-Madeleine. Tombeau et reliques.

Tarascon : Tombeau de Sainte Marthe.

Vézelay en Bourgogne : Lieu spirituel dédié à Sainte Marie-Madeleine. Reliques. Fraternité de Jérusalem 89450 Vézelay
        Hôtellerie Saint Bernard et Béthanie 03 86 32 36 12

Autun : Cathédrale Saint-Lazare. Reliques de saint Lazare.

((1) Page 1267 *"L'apostolat de Sainte Marie-Madeleine en Provence. Migne Paris 1848"*)

Seigneur Jésus-Christ, notre Dieu, toi qui, sur la dépouille de Lazare, versa des larmes d'affliction et de pitié, reçois les larmes de mon amertume.
Par ta Passion, guéris mes passions,
par tes plaies, porte remède à mes plaies,
par ton sang purifie mon sang et unis à mon corps
le parfum de ton corps, Donateur de Vie.

St Isaac le Syrien (365-460)

... *"Une femme nommée Marthe reçut Jésus chez elle à Béthanie ; elle avait une sœur du nom de Marie ».*

Si notre cœur est le lieu d'habitation de Dieu, il faut que que ces deux femmes y habitent : l'une qui s'assied aux pieds de Jésus pour L'écouter, l'autre qui s'occupe de Le nourrir. Tant que le Christ sera sur la terre, pauvre, en proie à la faim, à la soif, à la tentation, il faudra que ces deux femmes habitent la même maison, que dans le même cœur se vivent ces deux activités... *St Aelred de Rielvaux* (1110-1167) Compagnon de St Bernard

****

***Pour vivre dans la grâce des amis de Jésus,
faites un pèlerinage sur les pas des saints de Béthanie,
les saints évangélisateurs de la France.***
prendre contact avec :
L'Icône de Marie **BP 43 22160 Callac de Bretagne :**
Tél : 02 96 45 94 25   Fax : 02 96 45 94 12

Recherches et conception, Joseph Corre de "*L'Icône de Marie*"
Tous droits réservés pour tous pays   ISBN 2-909341-19-4
Dépôt légal Mai 2002   Imprimé au mois de Mai de l'an de Grâce 2002
par *Saint Joseph Imprimeur* 22160 Callac de Bretagne

ℒes débuts de l'histoire saint
avec les Saints de Bét
Lazare, Marthe et Marie-Madeleine, amis de Jésus.
signe d'amour de Dieu
et signe prophétique
pour cette nation.

ISBN 2-909341-19-4

Prix : 4,50 €

Éditions L'Icône de Marie / Saint Joseph éditeur
BP 43   22160 Callac de Bretagne